Los mejores chistes feministas

ROBIN BOOK

Diseño de cubierta: Regina Richling
Fotografía de cubierta: iStockphoto © id-work
Diseño interior: MC producció editorial
ISBN: 978-84-9917-082-4
Depósito legal: B- 32.326-2010

Impreso por Gràfiques92, S.A., Avda. Can Sucarrats, 91, 08191 Rubí

Impreso en España - *Printed in Spain*

El hombre
es un
milagro...

...químico que sueña

—Un moribundo llama a su mujer para confesarle sus mentiras, y así morir en paz.

—¿María, recuerdas aquella criada que tuvimos cuando vivíamos en Valencia?, ¿la que siempre llevaba desabrochado algún botón de la blusa? ¡Pues ese cuerpo fue mío!

—¿De verdad Pepe?

—¿Y recuerdas a tu amiga Virtudes?, ¿aquella rubia despampanante que siempre iba con minifalda? ¡Pues ese cuerpo también fue mío!

—¿Pepe, recuerdas cuando en Barcelona vivíamos enfrente del cuartel de Bomberos?

—¡Pues ese cuerpo fue mío!

—¿Qué hay detrás de un gran hombre?
—Una mujer sorprendida.

—¿Por qué los hombres piensan con la cabeza ladeada?
—Para que le hagan contacto las neuronas.

—¿Qué hacen dos neuronas en la cabeza de un hombre?
—Se asombran.

—¿En qué se parece un hombre a una escoba?
—En que sin palo no sirven.

—Era un hombre tan, tan, tan, tan, tan, tan, tan, tan, tan, tonto que hasta los demás hombres se dieron cuenta.

—En una sala están una mujer, un hombre inteligente y Papa Noel... y hay un billete de 500 euros.

—¿Quién lo coge primero?

—La mujer porque los otros dos casos no existen.

—¿Qué son dos neuronas en el cráneo de un hombre?

—¡¡¡Okupassss!!!

—¿Qué le pasa a la bala cuando le pegas un tiro en la cabeza a un hombre?

—Con el vacío de la cabeza, la bala se pone en órbita alrededor de la neurona.

¡Hombres... sólo sirven para una cosa y encima la hacen mal!

—¿Qué le ocurre a un hombre si le cortan la polla?
—Que por fin empieza a pensar con la cabeza.

—El hombre tiende a enamorarse de la mujer que le pregunte lo que él sabe contestar.

—¿Qué hay detrás de una gran hombre?
—Otra mujer sorprendida.

—¿Qué hacen 20 hombres en un ascensor?
—Un cerebro.

—¿Qué hace una neurona en el cerebro de un hombre?
—Aburrirse.

—¿Qué hace una idea en el cerebro de un hombre?

—ECO, ECo, Eco, eco...

—¿Y dos?

—No se sabe, nunca se ha dado el caso.

—¿Qué hace un hombre mirando un charco?

—Esperando a que salga el Opel Tigra.

—¿Qué hace un hombre en el aeropuerto de Madrid?

—Esperar un barco.

—¿Qué hace un hombre después de aparcar?

—Darse un paseo hasta la acera.

—¿Qué diferencia hay entre un bar y un clítoris para un hombre?

—Un hombre siempre es capaz de encontrar un bar.

—¿Por qué tienen los hombres un agujero en el rabo?
—Para que les llegue oxígeno al cerebro.

—¿Por qué tienen columna vertebral los hombres?
—Por qué si no estarían todo el día mamándosela.

—¿Por qué los hombres son electricistas?
—Porque siempre han tenido ganas de dar a luz.

—¿Por qué los hombres no pueden decir «por un oído me entra y por otro me sale»?
—Porqué en el vacío no se propaga el sonido.

—¿Por qué los hombres deberían estudiar en un submarino?
—Porque muy en el fondo son inteligentes.

—¿Por qué los chistes de mujeres siempre ocupan dos líneas?
—Para que los entiendan los hombres.

—¿Por qué las mujeres no saben aparcar?
—Porque durante toda la vida los hombres les han dicho que esto ([————]) son 20 centímetros.

Los hombres son como las monedas falsas, pasan de mano en mano y la más *tonta* se la queda.

—¿En qué se diferencian solución y disolución?
—Una disolución es meter a tu marido en una bañera llena de ácido.
—La solución es meterlos a todos.

—¿En qué se diferencian dos camiones, uno lleno de cerdos y otro de hombres?
—En la matrícula.

—¿Cuáles son las tres mentiras de un hombre?
—Cariño, cuanto te quiero.
—Vengo de estar con mis amigos.
—Chupa, chupa, que yo te aviso.

—¿Cuál es la forma de conseguir que un hombre pase un fin de semana entretenido?
—Lo metes en una habitación redonda y le dices que barra las esquinas.

—¿Cuál es la forma de conseguir que un hombre pase otro fin de semana entretenido?
—Le cuentas un chiste el jueves por la tarde.

—¿Cuál es el hombre más listo del mundo?
—Bibí Andersen.

—¿Cuál es el día mundial del hombre?
—El día menos pensado.

—¿Cómo se llama la modalidad de tenis en la que en cada lado de la pista hay una mujer y un hombre?
—Individual femenino con obstáculos.

—¿Cómo se llama al hombre con medio cerebro?
—Prodigio.

—¿Cómo se escoge el hombre más bruto del mundo?

—Al azar.

—¿Cómo elegirías a los tres hombres más tontos del mundo?

—También al azar.

—¿Cómo adivinarías el clan de un escocés por el kilt (falda escocesa)?

—Levantándole la falda, si es un cuarto de libra, es un McDonald.

—¿A una montaña quién sube primero: una mujer, Papá Noel o un hombre inteligente?

—Pues una mujer, porque ni Papá Noel ni los hombres inteligentes existen.

—¿Por qué los hombres son como los diplomas?

—Porque tardas años en conseguir uno, y una vez que lo tienes, no sabes qué hacer con él.

—Un hombre entra a una librería y le pregunta a la señorita que atiende: —por favor el libro *Los hombres mandan en la casa*.
—Y la señorita le responde: —no señor aquí no vendemos libros de ciencia ficción.

—¿Qué sienten las neuronas de un hombre?
—Soledad.

—¿Por qué los hombres caminan con las piernas arqueadas?
—Porque las cosas insignificantes van entre paréntesis.

—¿Por qué el psicoanálisis es más breve para el hombre que para la mujer?

—Porque cuando hay que volver a la infancia los hombres están allí todavía.

—Esto es una parejita de ancianos y le dice el ancianito a la ancianita:

—Ana, ¿dónde quieres que hagamos hoy el amor?

—La ancianita responde: ¡En el suelo Manolo!

—¿Por qué en el suelo?

—¡¡Pues para sentir algo duro!!

—¿Qué hace una mujer esqueleto en una silla?

—Esperando al hombre perfecto.

—¿Cómo conseguir que los ojos de un hombre brillen?

—Metiéndoles una linterna por la oreja.

—Mamá, mamá... ¿por qué estamos empujando el coche hacia el precipicio?
—Cállate que vas a despertar a tu padre.

—¡Ay mamá! no sé si casarme con Valerio el contable o con Tiburcio el militar, —le dice María a su madre.
—No lo pienses más hija, cásate con Tiburcio, los militares saben cocinar, hacer la cama, y recibir órdenes.

—Se abre el telón, y aparece un hombre muerto, tirado en el suelo y rodeado de serrín.
—¿De qué ha muerto?
—De un derrame cerebral.

Los tíos son como los cuartos de baño, o son una mierda, o están ocupados.

—¿Por qué algunas mujeres prefieren quedarse vírgenes?
—Porque no vale la pena cargarse con todo un cerdo por un trozo de salchicha.

—¿Por qué los hombres cuarentones buscan mujeres de 20?
—Porque necesitan personas de su misma madurez.

—¿Qué le falta a un hombre para ser perfecto?
—Todo.

—¿Por qué dicen que los hombres tienen el ano conectado al cerebro?
—Porque cuando piensan la cagan.

—¿Cuál es el mes en que los hombres cometen menos estupideces?

—Febrero, porque es el que tiene menos días.

—¿Sabes cómo se le llama a un hombre tras perder el 99% de su inteligencia?
—Viudo.

—¿Cómo joder el ego de un hombre con sólo dos palabras?
—¿Está dentro?

—Los hombres son como los trapos de cocina, los dejas en la ventana y se los lleva la vecina.

—¿Por qué a los hombres a partir de los 40 les crece la barriga?
—Para que no vean como se les desinfla.

—¿Por qué existe el machismo?
—Porque de ilusiones también se vive.

—¿Qué hay de la cintura para abajo en un jubilado?
—Otro jubilado.

—¿Qué es un hombre saltando con la pértiga?
—Una mierda pinchada en un palo.

—¿Cuáles son las medidas perfectas de un hombre?
—80-03-80.
—80 años.
—03 infartos.
—80 millones en el banco.

—¿Por qué los hombres guapos se parecen a los dinosaurios?

—Porque son criaturas muy hermosas, pero con un cerebro muy chiquito.

—¿Por qué la cocinera del bar de la esquina es una superhéroe?
—Porque está rodeada de hombres.

—¿Que es lo que logras al tener dos pequeñas bolas en tus manos?
—La completa atención de un hombre.

—Había un niño que le dijo a una niña que él tenía 10 soldaditos; él le preguntó cuántos tenía ella y la niña le dijo que tenía 20.
—Entonces el niño le dijo: —pero yo tengo algo que tu no tienes, el pene.
—Y la niña contestó: —pero yo tengo una vulva, y con una de éstas puedo tener muchos de ésos.

—¿Qué diferencia hay entre oscuro y duro?
—Que oscuro está toda la noche.

—¿Qué pasa si le disparas a un hombre en la cabeza?
—La bala entra en órbita.

—Son dos amigos que se encuentran por la calle y uno dice:
—Pues yo en mi casa soy el que siempre dice la última palabra.
—¿Y qué dices? —pregunta el otro.
—Ya voy cariño, ya voy...

—¿Por qué a los hombres se les conoce como el «crimen perfecto»?
—Porque por más que se busque e indague, nunca se les encuentra la pistolita.

—Dos amigas están hablando y una dice:
—María, ¿qué me darías por mi marido?
—Nada.
—Trato hecho.

—¿Cuánto pagarías por un hombre?
—70 céntimos
—¿Por qué?
—Dos huevos por 50 céntimos y un plátano por 20.

—Llega una mujer a su casa y ve a su marido haciendo la maleta, a lo cual le pregunta:
—¿Qué haces?
—Me voy a Australia. Me han dicho que allí te dan 300 euros por cada polvo.
—Al rato la mujer se pone también a hacer la maleta, cuando el marido le pregunta:
—¿Qué haces? y ella le responde:
—Yo también me voy a Australia, que yo no me pierdo ver cómo vives con 300 euros al mes.

—¿Por qué se dice que los hombres tienen la boca conectada con el culo?
—Porque cada vez que hablan la cagan.

—¿Sabes cómo se vuelve un hombre loco en la cama?
—Escondiéndole el control remoto de la TV.

—¿Qué logra ver una mujer si mira a través de la frente de un hombre?
—La nuca, porque entre la frente y la nuca no tienen nada.

—Van un matrimonio en barca, pero de repente la barca se hunde.
—¿Quién se hunde primero?
—La mujer, porque la mierda flota.

—¿Cuáles son las tres cosas que demuestran que un hombre no sirve, que es un fracaso.
—La primera es que tienen un pájaro que no canta ni vuela.
—La segunda es que tienen tetas y no dan leche.
—La tercera es que tienen bolas y no ruedan.

—¿Sabes para que sirve el hombre?
—Para dos cosas.
—PARA.
—NADA.

Los hombres son como la publicidad, el 50% de lo que dicen es mentira.

—¿Por qué después de tener relaciones sexuales, las mujeres se tiran al suelo?
—Para sentir algo duro.

—¿Por qué los hombre casados y solteros se tienen envidia?
—Porque ambos creen que el otro folla más.

—¿Qué hace un hombre con un preservativo?
—Se lo pone de sombrero ya que tiene el cerebro en el pene.

—¿Qué hace el cerebro de un hombre en una lata?
—Ruido.

—¿Cuál es la diferencia entre un hombre y un bebé?

—Uno puede ser permanentemente quejoso y hasta insoportable, y el otro es solo un bebé.

—¿Por qué hay más gays que lesbianas?
—Porque ni a ellos les gustó ser hombres.

—¿Cómo puedes descubrir a un hombre idiota en un estadio de fútbol repleto de gente?
—Al azar.

—¿En cuántas partes se divide el cerebro de un hombre?
—Depende de la fuerza con que le pegues.

—¿Sabes que es un transexual?
—Un hombre con ganas de superarse.

—Se encuentran dos amigas de 20 años y le dice una a la otra:
—El otro día estuve con un hombre de 50 años, y ¿sabes qué?, tienen pene.
—¡¿Pene?!, ¿y eso qué es?
—Es como una polla, pero sin hueso.

—¿Cuánto tarda una bala en atravesar el cerebro de un hombre?
—Una hora y un segundo, una hora en encontrarlo y un segundo en atravesarlo.

—¿Cuáles son los hombres que saben dónde está su mujer?
—Los viudos.

—¿Por qué es tan difícil encontrar hombres guapos, sensibles y cariñosos?
—Porque normalmente ellos ya están enamorados de sí mismos.

—¿Qué es una habitación con dos puertas para un hombre?
—Un laberinto.

—¿Por qué el hombre no es perfecto?
—Porque sería mujer.

—¿Cómo se llaman los hombres que se cambian de sexo?
—Inteligencia artificial.

—¿Qué es lo más cercano a un hombre inteligente?
—Una lesbiana.

—¿Por qué los hombres usan calzoncillos?
—Para no mancharse los zapatos de caspa.

—¿Qué hacen 50 hombres en una habitación?
—Medio cerebro.

—¿Qué es un niño?
—El único trabajo que hace un hombre sin protestar.

—¿Por qué se dice que nosotras las mujeres somos tan buenas en matemáticas?
—Por qué elevamos un miembro al máximo, le sacamos factor común y lo reducimos a la mínima expresión.

No te enojes si encuentras a tu marido poniéndose medias, tacones, y falda. Es un hombre buscando la perfección.

—¿Por qué los hombres se ponen una mano en el corazón y otra en su polla?
—Para ver cuál se les para primero.

—¿Por qué a los maridos los llaman «sol de invierno»?
—Porque no calientan a nadie.

—¿Por qué los hombres no son genios?
—Porque rara vez satisfacen a una mujer en el sexo.

—¿Por qué llaman a los hombres «verdes»?
—Porque son inmaduros.

—Una madre entra histérica en la habitación de su hijo y empieza a tirar las cosas por la ventana, y su hijo grita:
—¡Mamá, mamá, no lo tires todoooooo!

—¿Cuándo habrá igualdad real entre el hombre y la mujer?
—El día en que las mujeres sean gordas, calvas y viejas y aún así se sientan atractivas.

—¿Por qué Tarzán es hombre y no mujer?
—Porque se necesitaba fuerza y un cerebro de mono.

—Se abre el telón y se ve a un hombre limpiando, se cierra el telón.
—¿Qué película es?
—*¡Milagro!*

—¿Por qué los hombres silban mejor que las mujeres?
—Porque tienen el cerebro de pajarito.

—¿Por qué los hombres se miran tanto en un espejo?

—Para saber qué clase de insectos son.

—Si midiéramos la cantidad de hombres con el espacio que ocupan, ¿qué obtenemos?

—La densidad de la estupidez.

—¿Por qué hay más mujeres que hombres en el mundo?

—Porque la «Madre naturaleza» es sabia.

—¿Qué es un hombre con la mitad del cerebro?

—Un afortunado.

—Era una niña, saliendo de la escuela, apresurada llegó a su casa, buscó a su mamá, y le preguntó:

—¡Mamá, mamá! Soy muy inteligente, ¿podrías decirme de quién heredé la inteligencia?

—A lo que le respondió su mamá:

—Pues será de tu padre, porque yo todavía conservo la mía.

—¿Cuál es la única diferencia entre un hombre ideal y una mujer ideal?

—En que la mujer ideal existe.

—Mi vecina se deshizo de 70 kilos de grasa que no le servían para nada.

—¿Y cómo lo hizo?

—Se divorció.

—Las mujeres tienen miles de defectos, los hombres sólo dos:

—Todo lo que hacen, y todo lo que dicen.

—¿Cómo se le dice a un hombre con medio cerebro?
—Un tío con suerte.

—¿Cuántos hombres se necesitan para cambiar una bombilla?
—150, uno que agarre la bombilla, y 149 que le den vuelta la escalera.

—¿Qué es duro y largo para los hombres?
—El pensar.

—¿Qué es lo que se deduce al ver a un hombre bien vestido?
—Que su mujer tiene muy buen gusto.

—Entra un hombre a una biblioteca, y le pregunta a la bibliotecaria.
—¿Dónde puedo encontrar el libro *Hombre, el ser más grandioso de la tierra*?

—Y la señora le contesta: —Al fondo de todo, en la sección de cosas raras.

—¿Por qué fue un hombre el que descubrió que descendemos del mono?
—Porque solo así justifica su estupidez.

—¿Qué hace una neurona en el cerebro de un hombre?
—¡Ecooooo!
—¿Qué hacen dos neuronas en el cerebro de un hombre?
—Jugar al tenis.
—¿Qué hacen tres neuronas en el cerebro de un hombre?
—*Expediente X.*

—¿Sabes por qué los chistes machistas sólo tienen dos líneas?
—Para que ellos los entiendan.

—Un señor tiene un accidente con el coche y pierde el cerebro, su madre, apesadumbrada, le pregunta a la enfermera:

—¿Cuánto cuesta un cerebro?

—La enfermera le responde:

—Un cerebro de hombre cuesta 500 euros y el de mujer 200 euros.

—Entonces la señora que vuelve a preguntar:

—¿Por qué es más caro el de hombre y el de mujer sale más barato?

—Porque el de mujer está usado y el de varón es totalmente nuevo.

—¿Qué hacen 4 neuronas en el cerebro de un hombre?

—No se ha dado el caso.

Todos los hombres tienen su precio, pero la mayoría está en oferta.

—Las mujeres solteras se quejan de que los hombres buenos están casados.
—Las mujeres casadas se quejan de sus maridos.
—Eso prueba que los hombres buenos no existen.

—¿Por qué los hombres no usan la lavadora?
—Por que no tiene control remoto.

—En una isla hay once hombres náufragos y una mujer.
—A los pocos días los rescata un helicóptero y todos van colgados de una cuerda.
—Entonces, el piloto les dice que lleva mucha carga y que tiene que tirar a uno.
—Ninguno de los hombres se quiere tirar, entonces la mujer dice que ella se dejará caer, y empieza un discurso en el cual dice que las mujeres están hechas para sufrir y sacrificarse por los demás, los hombres emocionados y hasta con lágrimas en los ojos aplauden...

—En una campaña en contra del tabaco un hombre le pregunta a una mujer ¿Qué pasa si fumo?
—Y ella le contesta, se destruirían las dos neuronas que tienes.

—¿Cómo caben 300 hombres en un Seat 600?
—Desinflándolos.

—¿Por qué los hombres cuarentones buscan mujeres de 20?
—Porque necesitan personas de su misma madurez.

—Un hombre y un recaudador de impuestos se tiran de un séptimo piso, ¿quién gana?
—La humanidad.

—¿Por qué los hombres se miran tanto al espejo?
—Para saber que clase de bichos son.

—Si un hombre puede lavar 100 platos en una hora. ¿Cuántos platos pueden lavar cuatro hombres en el mismo tiempo?
—Ninguno, porque se van a sentar en la salita para ver el partido de fútbol.

—¿Qué hace una neurona en el cerebro de un hombre?
—Nada, porque se necesita más de una neurona para que un hombre tenga cerebro.

—¿Por qué les gustan tanto los ordenadores a los hombres?
—Porque es lo único que saben joder a conciencia.

—¿En qué se diferencia ET de un hombre?
—ET por lo menos intenta llamar a casa.

—¿Cómo se le llama a un hombre que espera tener sexo en la segunda cita?
—Lento.

—¿Cuál es el gran misterio acerca del hombre?
—Cómo envejecer y seguir siendo inmaduro.

—¿Dónde se encuentra un coeficiente intelectual de 60 y 8 brazos?
—En un grupo de cuatro hombres reunidos viendo un partido de fútbol.

—¿Cómo se distinguen los obsequios reales que te hacen los hombres, de los que son por culpa de algo que hicieron?
—Porque estos últimos son mejores.

—¿Por qué los hombres prefieren rubias tontas?
—Porque buscan compañía intelectual.

—¿Por qué las tribus de Israel tardaron tanto en cruzar el desierto?
—Porque los hombres no se detuvieron a preguntar la dirección.

—¿Por qué se suspendería la práctica de la circuncisión?
—Porque los médicos temen que pueda causar daño cerebral.

—¿Por qué los hombres hacen chistes sobre rubias tontas?
—Porque es la única forma de que puedan recordarlos.

—Un hombre entra a un bar y ve una mujer muy atractiva, se le acerca y le dice:
—Perdón, ¿la conozco de algún lado?
—Sí, soy la recepcionista de la clínica de enfermedades venéreas.

—En el cementerio, cuando están enterrando a un hombre, se oye una voz profunda que dice:
—¡Maríaaaaaa!!!!!!!, ¡que no estoy muertoooo!!!!!!!!!!!!
—A lo que la afligida viuda responde:
—Calla hombre, vas a saber tú más que el médico.

—Un día el marido le pregunta a su mujer:
—María, si te tocaran cien millones con la quiniela, ¿me dejarías de querer?
—No, mi vida. Pero te echaría mucho de menos.

—Era un día verano y hacía un calor insoportable. Entonces el marido sale del baño y le dice a su mujer:
—María, hace mucho calor y tengo que cortar el césped. ¿Qué crees tú que dirán los vecinos si salgo en pelotas?
—La mujer lo mira detenidamente y responde:
—Que probablemente me casé contigo por tu dinero.

—El marido le pregunta a su mujer:
—¿Querida, cuando me muera vas a llorar mucho?
—Claro querido, —responde. —Tú sabes que lloro por cualquier cosa.

**Los hombres son como
las cuentas de banco,
si no hay dinero, no hay interés.**

—¿Cuál es la diferencia entre un psicótico y un neurótico?
—Que el psicótico cree que 2+2 son 5 y el neurótico sabe que 2+2 son 4, pero se cabrea.

—¿Saben por qué los hombres le ponen nombre a su miembro viril?
—Para sentirse más en confianza con el que toma las decisiones por ellos.

—¿Cuándo va a haber igualdad real entre el hombre y la mujer?
—¡El día en que las mujeres sean gordas, calvas y viejas y aun así se sientan atractivas!

—El juez le pregunta a la mujer:
—Dígame. ¿Cuál es el motivo por el que quiere divorciarse de su esposo?
—Mi marido me trata como si fuera un perro.
—¿La maltrata, le pega?
—No. Quiere que le sea fiel.

—Un hombre que está de compras en un supermercado descubre una nueva marca de condones olímpicos.

—Impresionado, compra una caja.

—Al llegar a casa, le anuncia a su mujer la nueva adquisición.

—¿Condones olímpicos? —dice ella, —¿y qué tienen de especial?.

—Vienen en tres colores —contesta él, —dorado, plata y bronce.

—¿Y qué color te vas a poner esta noche? —pregunta ella.

—Oro, por supuesto —dice el marido orgullosamente.

—Y ella le responde —¿de verdad? Por qué no usas el plata?

—Sería bueno que alguna vez terminaras ¡el segundo!

—Doctor, venía a que me bajase la potencia sexual.

—Pero abuelo, si a su edad la potencia sexual se tiene en la cabeza.

—Por eso, por eso quiero que me la baje.

—Un tipo le dice a su mujer:
—El día que yo muera quiero que me sepulten en el mar.
—¿Y por qué esa decisión?
—Porque tu madre me amenazó con bailar sobre mi tumba cuando yo me muera.

—¿Que tienen en común los aniversarios de boda, un baño público y el punto «G»?
—Que los hombres no aciertan con ninguno.

—¿Por qué los hombres son tan malhablados?
—Porque así pueden lavarse la boca con cerveza.

—Una mujer va caminando por la playa y de pronto se encuentra una vieja lámpara.
—La recoge, la frota y ¡Paff! aparece un genio. La asombrada mujer le pregunta que si le puede dar los clásicos tres deseos.

—No señora —contesta el genio—, en estos tiempos conceder tres deseos ya es muy difícil. Con esta inflación que se está viviendo, el creciente desempleo, el salario infame, los políticos y los altos precios del petróleo, lo más que le podría conceder sería un solo deseo y ya puede estar contenta, así que ¿qué quiere?

—La mujer piensa un rato y decide.

—Quiero que haya paz en el Oriente Medio.

—El Genio le pregunta: —¿Cómo dice?

—Ella contesta: —¿Ves este mapa? Pues deseo que estos países dejen de estarse peleando entre sí.

—El Genio mira el mapa y responde: —¡Válgame Dios, señora! Estos países han estado en guerra durante milenios. Yo seré muy bueno en mi trabajo, pero ¡caramba! No soy tan bueno como para lograr eso que me pide. Mejor pídame otra cosa más fácil.

—La mujer piensa un rato y le dice: —Bueno, la verdad es que nunca he podido conseguir mi hombre ideal. Quiero un hombre que sea considerado y divertido, que le guste cocinar y ayudar en la limpieza del ho-

gar, que sea muy bueno en la cama y que se lleve muy bien con mi familia. Que no se pase todo el tiempo viendo los deportes en la TV y que, además, siempre me sea fiel.
—El Genio deja escapar un largo suspiro y le contesta:
—¡A ver, traiga acá ese puto mapa!

—Lo que nunca debes creer de un hombre:

1. Mañana te pago.
2. Me quedé trabajando hasta tarde.
3. La puntita nada más.
4. La primera vez no pasa nada.

—¿Qué es lo único malo del pene?
—EL HOMBRE.

—¿Sabes por qué los hombres se parecen a los pokemon?
—¡Porque hay que entrenarlos para que evolucionen!

—Mi novio se ha fugado con mi mejor amiga.
—¿Con tu mejor amiga?, ¿y quién es?
—No se como se llama, pero desde ahora te aseguro que es mi mejor amiga.

—El marido que regresa a casa y se encuentra un hombre debajo de su cama. Indignado exclama: —María ¿ qué hace ese hombre debajo de la cama?
—Pues mira, debajo de la cama no sé, ¡pero arriba hace maravillas!

—¿Cómo se llama esa cosa de piel siempre inflamada que llevan los hombres en los pantalones y que vuelve locas a las mujeres?
—Una cartera llena de billetes.

—¿Cuál es la diferencia entre un hombre con bata blanca y una mujer con bata blanca?

—Que la mujer es médico y el hombre es carnicero.

—Dos clítoris van paseando y uno le dice al otro:
—Oye, me han dicho que no disfrutas.
—¡Bah!, malas lenguas.

—¿Por qué la mujer es más moderna que el hombre?
—Porque su masturbación es digital y la del hombre manual.

—Un hombre de estos de pueblo fue a comprar un billete de avión, como nunca lo había hecho antes, se quedó mirando como lo hacía una chica que tenía delante en la cola de la ventanilla.
—Quiero un billete para Florida, solo ida.
—Y cuando le llega el turno al él, dice:
—Quiero un billete para Nueva York solo york.

—Van dos niños por el parque y ven un póster de una chica desnuda.

—Uno de ellos boquiabierto dice: —¿¡has visto a esa tía?— y el otro contesta: —¡Vámonos, que mi madre me ha dicho que si vemos a una chica desnuda me convertiré en piedra y ya noto como algo se me está poniendo duro!

—Dos amigas que no se veían desde hace muchos años se encuentran y después de saludos efusivos una le dice a la otra:

—Bueno, yo me casé con un viejo millonario de 80 años.

—Me alegro —responde la otra—, pero a los 80... ¿y cómo lo hacen con el sexo?

—¡Ah!, estamos en tratamiento...

—¿En tratamiento?

—Sí..., ¡¡el trata y yo miento!!

—¿Por qué los hombres no llegan a la menopausia?

—Por que se quedan eternamente en la adolescencia.

—¿Cómo enciende un hombre la lavadora?
—La rocía con gasolina y le prende fuego.

—Mi esposo en su nuevo trabajo se encuentra como pez en el agua.
—¿Y qué hace?
—¡Nada!

—Un hombre se muere, y en las puertas del Cielo se encuentra a su mujer, que había muerto unos años antes, sustituyendo a san Pedro. Al verlo, ella le dice:
—Hombre Pepe, ¿qué fue de tu vida?
—Pues nada, me volví a casar con la enfermera que te atendía cuado estabas en coma... y tuve tres hijos.
—¡Pero si tu nunca quisiste hijos!
—Pues ya ves..., también me toco la lotería.

—Bueno Pepe —dice ella— para poder entrar al cielo debes deletrear una palabra sin interrupciones ni errores.
—Muy bien, y... ¿cual es la palabra?
—OTORRINOLARINGOLOGÍA.

—¿Qué hace una mujer esperando al hombre ideal?
—¡¡¡Se casa!!!

Dios creó al hombre...

... y luego descansó

—Hijo, tengo que darte una buena noticia y otra mala.

—La buena primero, dijo Adán.

—Dios responde: Te voy a regalar dos cosas, un cerebro y un pene.

—Fantástico, dice Adán, ¿y la mala?

—Que no tendrás suficiente sangre como para hacer funcionar los dos al mismo tiempo.

—Esto es Eva que está en el paraíso un tanta aburridilla y llama a Dios.

—Dime Eva —responde Dios— ¿qué problema tienes?

—Pues mira, que aquí todo es maravilloso, pero me aburro porque estoy muy sola.

—Entonces crearé un hombre a partir de tu costilla— le dijo Dios.

—¿Qué es un hombre?— preguntó ella.

—¿Un hombre?, es un ser que huele mal, no tiene cerebro, prácticamente no tienen uso..., pero no podrás vivir sin él.

—¡Caramba!— respondió.

—¿Quieres que lo cree?—, le preguntó Dios.

—Bueno... Sí—, dijo sin mucha convicción.

—Pero con una condición— dijo Dios.

—¿Cuál?

—¡Que le hagas creer que lo creé a él primero!

—Dios creó al hombre y después pensó: «realmente puedo hacerlo mejor».

—Entonces creó a la mujer.

—¿Sabéis por qué Dios hizo primero al hombre que a la mujer?

—Porque antes de la gran creación alguna chapuza tuvo que hacer.

—Estaba un hombre hablando con Dios y le pregunta:

—Dios ¿por qué hiciste a la mujer tan bella?

—Para que te enamorases de ella hijo.

—Y, ¿por qué hiciste a la mujer tan ordenada?

—Para que te enamorases de ella hijo.

—Y así el hombre se pasa un buen rato preguntándole a Dios, de por qué somos tan perfectas... hasta que le pregunta.

—Oye Dios, pero, ¿por qué hiciste a la mujer tan tonta?

—A lo que Dios le respondió.

—¡Para que ella se enamorase de ti hijo!

—Después de unos días de la Creación, Dios llamó a Adán y le dijo: —Es tiempo que Eva y tú empecéis el proceso de poblar la tierra, de manera que quiero que empieces besando a Eva.

—Sí Señor, ¿pero qué es un beso? —preguntó Adán.

—De modo que el Señor le dio una descripción breve a Adán y éste tomó Eva de la

mano y la llevó detrás de un arbusto cercano. Después de unos minutos Adán surgió, y dijo: —Señor ha sido muy agradable.
Y el Señor contestó: —Sí, Adán, y ahora me gustaría que acariciaras a Eva.
—Señor, ¿qué es una caricia? —preguntó.
De modo que el Señor le dio una descripción a Adán y éste se fue de nuevo detrás del arbusto con Eva. Varios minutos después, Adán volvió, sonriente, y dijo: —Señor, esto ha sido mucho mejor que el beso.
—Has hecho bien, Adán, y ahora quiero que hagas el amor con Eva —dijo Dios.
—Señor, ¿qué es hacer el amor? —volvió a preguntar Adán.
—Por lo que el Señor le dio nuevas instrucciones a Adán, que se fue nuevamente con Eva detrás del arbusto. Pero éste reapareció en dos segundos y preguntó: —Señor, ¿qué es un el dolor de cabeza?

—Se le acerca un hombre a Dios y le pregunta:
—¿Por qué las mujeres son tan bonitas?
—Dios se queda pensando y le responde:
—Para que vosotros os enamoréis de ellas.
—El hombre se queda pensando y vuelve a preguntar:
—Pero, ¿por qué son tan tontas?
—Y Dios le responde:
—¡Simple! ¡Para que ellas se enamoren de vosotros!

—Están tres hombres perdidos en un bosque.
—El primer hombre encuentra un río bastante grande y del otro lado del río ve la ciudad.
—El hombre no sabe cómo pasar entonces le empieza a rezar a Dios para que le dé la inteligencia para cruzar.
—Dios le da la inteligencia para que nade al otro lado del río.
—Después de un rato llega el segundo hombre y ve el mismo río y le pide a Dios que lo

haga más inteligente que el primero para cruzar.
—Dios lo hace más inteligente que el primero y el segundo hace una canoa y cruza el río.
—Entonces llega el tercer hombre y le pide a Dios que lo haga más inteligente que el primero y el segundo y Dios lo convierte en una mujer y la mujer cruza el puente.

—¿Por qué Dios creó al hombre primero que a la mujer?
—Porque quería hacer un modelo imperfecto y muy idiota sin cerebro antes de crear a la perfección.

—¿Por qué Dios creó al hombre?
—Porque un vibrador no corta el césped.

Dios creó a Adán..., pero fue la mujer la que hizo un hombre de él.

—Parece que Dios ya estaba acabando de crear el Universo, pero todavía le quedaban un par de cosas por repartir, así que decidió hablar con Adán y Eva.

—Les dijo que una de las cosas que aún le quedaban era algo que permitiría, a quien lo tuviera, hacer pipí estando de pie.

—Realmente es algo muy útil, —les dijo Dios— y estaba pensando si les interesaría a alguno de ustedes.

—Adán empezó a dar saltos y le rogó, —¡Yo quiero eso! ¡Dámelo a mí, porque yo sé cómo usarlo! Me parece que es justo la clase de cosa que un hombre debe poder hacer. ¡Por favor! ¡Por favor! ¡Por favooooor!¡Yo quiero eso!

—Y seguía pidiendo, mientras tiraba una de las mangas de la túnica de Dios.

—Eva sonrió al ver esa escena y le dijo a Dios que si Adán deseaba tanto eso, debería dárselo a él. Así que Dios le dio a Adán la cosa que le permitiría hacer pipí de pie, y que lo tenía tan emocionado.

—Apenas lo recibió, Adán fue corriendo a probarlo sobre un árbol, y después escribió su nombre en la arena, mientras reía a carcajadas, encantado de lo que podía hacer con su regalo.

—Dios y Eva lo estuvieron mirando un rato, y entonces Dios le dijo a Eva: —Bien, aquí tienes la otra cosa que tengo para repartir, y que creo que te pertenece.

—¿Y cómo se llama? —preguntó Eva.

—«Cerebro», dijo Dios.

—Estaba Adán preguntándole a Dios: —¿Por qué hiciste a la mujer tan linda, tan sexy, tan bella...?

—Y Dios le contesta: —Para que te guste a ti, hijo, para que te guste a ti...

—Pero, ¿por qué la hiciste tan provocativa, tan sensual?

—Para que te guste a ti, hijo, para que te guste a ti...

—Pero, Dios, fallaste en algo. ¿Por qué la hiciste tan tonta, tan bruta, tan poco inteligente?

—Para que le gustes tú, hijo, para que le gustes tú...

Cuanto más se conoce a los hombres...

... más se admira a los perros

—¿En qué se parecen los hombres a los gatos?
—En que hacen lo que quieren, son impredecibles y se pasan el día en el sofá.

—¿En qué se parecen los dinosaurios a los hombres inteligentes?
—En que los dos se extinguieron.

—¿Qué ocurre cuando un hombre se come un mosquito?
—Que tiene más cerebro en el estómago que en la cabeza.

—¿En qué se parece un hombre a una gamba?
—En que se aprovecha todo menos la cabeza.

—¿En qué se diferencia un príncipe de un cerdo?
—5 cervezas.

—¿Por qué a los hombres no les puede dar la enfermedad de las vacas locas?
—¡Porque todos son unos cerdos!

—¿Cuáles son los tres animales que le gustaría tener a una mujer?

1.- Un visón en el armario.
2.- Un jaguar en el garaje
3.- Un tigre en la cama.

—¿Y los que realmente tiene?

1.- Un conejo en el armario
2.- Un panda en el garaje
3.- Un cerdo en el sofá.

—¿Por qué dio Dios una neurona más a los hombres que a los caballos?
—Para que no se cagaran en los desfiles.

—Una vez había un hombre tan, pero tan viejo, que en vez de espermatozoides tenía espermatosaurios.

—¿En qué se parecen los hombres a los perros?
—Orinan en cualquier parte, se van siempre detrás de una perra y cuando los hechas siempre vuelven hacia ti.

Los hombres son como las gaviotas, cuanto más grandes más idiotas.

—¿En qué nos parecemos las mujeres a las mariposas?
—En que vamos de capullo en capullo.

—¿Cómo se congela a un cerdo?
—Tirando de la manta.

—Cuando se llega a cierta edad, ¿quién huele peor, el hombre o a la mujer?
—Bueno pues, el hombre, porque tiene el pájaro muerto y los huevos podridos.

—¿Qué harían las mujeres si no existieran los hombres?
—Domesticarían a cualquier otro animal.

—¿En qué se parecen los hombres a los perros?
—En que cuando no son felices se pasan el día gruñendo.

—¿Por qué los hombres son hombres y las ratas son ratas?
—Porque las ratas eligieron primero.

—¿Por qué la enfermedad de las vacas locas afecta solo a las mujeres?
—Porque afecta al cerebro.

—Una hormiga quiere cruzar un río, pero no puede. Un conejo, algo sucio, le ofrece su ayuda. Pero la hormiguita no quiere ensuciarse. Ésta encuentra una pajita y la utiliza a modo de «barca» para cruzar el río; pero a mitad de camino la pajita se hunde.
—Moraleja: más vale conejo sucio que paja mal hecha.

—¿De qué hablan dos hombres en un parque?
—De nada porque los animales no hablan.

—¿Cuándo pierde un hombre el 90% de su inteligencia?

—Cuando se queda viudo.

—¿Y el otro 10%?

—Cuando se le muere el perro.

—¿En qué se parecen los hombres a los canguros?

—En que son las ratas más grandes del mundo.

—¿Saben por qué es bueno ponerle los cuernos a los hombres?

—Porque un animal sin cuernos es un animal indefenso.

—¿En qué se diferencia un hombre mascando chicle de un toro rumiando?

—En la mirada astuta del toro.

—Una ranita está en el bosque y empieza a llover, no había donde esconderse, en lo alto ve a un pájaro, la ranita le pide que la deje entrar, empieza a llover más fuerte y el pájaro le sigue negando el ingreso a la ranita.

—Moraleja: mientras más mojada esta la ranita, más duro se pone el pájaro.

—¿En qué se diferencia un burro de un hombre?

—En que el burro lleva la carga y el hombre la carga es él.

—¿En qué se parecen los perros a los hombres?

—En que cuando te miran, parece que te entienden.

—Los hombres son como los delfines, se dice que son inteligentes, pero no se ha comprobado.

—¿En qué se parecen los hombres a los caballitos de mar?
—En que se creen potros y son unos pescados.

—¿Por qué a los hombres los llaman «caracol»?
—Porque son babosos, cornudos, arrastrados, y piensan que la concha es de ellos.

—¿Por qué los hombres silban bien?
—Porque tienen cerebro de pajarito.

Los hombres son los únicos cerdos que no dan jamones.

—¿Por qué Dios creó primero a los hombres?
—Porque los experimentos se hacen con ratas.

—¿Qué diferencia hay entre un autobús lleno de cerdos y los hombres?
—En el autobús.

—¿En qué se diferencia un hombre de un perro?
—Pues en que el perro cuida la casa y el hombre la echa a perder.

—¿Cual de los animales mitológicos se parece el hombre?
—El centauro, mitad hombre y mitad bestia.

—¿Por qué los hombres son como las palomas?
—Por qué dan dos pasos y la cagan.

—¿Cómo darías mayor libertad y comodidad a un hombre?
—Llevándolo al zoológico.

—¿En qué se parecen lo hombres a los perros?
—En que a los dos se les abandona.

—¿De qué hablan dos hombres en un parque?
—De nada, porque los animales no hablan.

—¿En qué se diferencian los hombres de los perros?
—Que los perros cuidan la casa y los hombres la echan a perder.

—¿En qué se parecen los hombres de los perros?
—En que cuando tú quieres estar a solas, ellos quieren jugar.

—¿En qué se parecen los perros a los hombres?
—En que cuanto más tarde llegas a casa mejor te reciben.

—¿Qué hacen los gallos, que los hombres no pueden hacer?
—Tomar agua por el pico.

Los *toros* nacieron con cuernos, ¡nosotras nacimos para ponerlos!

—¿Por qué se dice que el perro es el mejor amigo del hombre?
—Porque entre animales se entienden.

—¿Cómo se llama a un hombre montado en un burro?
—Un burro de dos pisos.

—Hace poco se llevó a cabo un estudio en la Universidad de Wisconsin a cargo del doctor McLamed. Sobre una muestra de 1.069 mujeres, entre solteras y separadas y se les preguntó: «¿Qué preferían más: un perro o un marido?» Por abrumadora mayoría ganó el perro. Aquí expresamos algunos de los porqués:

—1.- Come lo que le doy sin quejarse.
—2.- Si está sucio, puedo arrastrarlo al baño y enjabonarlo.
—3.- Trata bien a mis parientes.

—4.- Si se obsesiona en meterme el hocico entre las piernas, ¡le doy una patada y listo!

—¿Qué hace una mujer cuando se le muere el marido?
—Domesticar otro animal.

—¿Por qué los hombres no se asustan con las arañas?
—Porque entre insectos se entienden.

—¿En qué se parecen los hombres a mi perro?
—En nada, afortunadamente para mi pobre perro.

—Existen tres tipos de animales domésticos que cumplen con la función de un marido:

—1.- Un perro que gruñe por las mañanas.

—2.- Un loro que suelta palabrotas durante la tarde.

—3.- Un gato que llega tarde todas las noches.

Aayy!!!...
qué tontos...

...son los hombres

—¿En qué se parecen los hombres a la pizza?
—En que los llamas por teléfono y en 10 minutos los tienes calientes en la puerta.

—¿En qué se parecen un hombre y un espermatozoide?
—En que solo hay uno bueno en un millón.

—¿En qué se parecen los hombres a una botella de cerveza?
—En que cuando le quitas el tapón se le va la fuerza.

—¿En qué se parecen los hombres al parchís?
—En que comen una y cuentan veinte.

—¿En qué se parecen los hombres a los retretes?
—En que si unos están ocupados otros están cagados.

—¿En qué se parecen los hombres a los políticos?
—En que una vez están arriba, poco es lo que verdaderamente hacen.

—¿En qué se parecen los hombres a los cepillos de dientes?
—En que sin pasta no sirven para nada

—¿En qué se parecen los hombres y las chaquetas de cuero?

—En invierno los dos pesan y no calientan un carajo.

—¿En qué se parece una botella de cerveza a un hombre?
—En que están vacíos de la cuello para arriba.

—¿En qué se parecen los hombres al aire que respiras?
—En que se convierten en algo vital cuando no los tienes.

—¿En qué se parece un árbol a un borracho?
—En que el árbol empieza en el suelo y termina en la copa y el borracho empieza en la copa y ¡termina en el suelo!

—¿En qué se parecen los hombres a los robots?

—En que no tienen cerebro, no saben hacer nada sin las instrucciones oportunas, son muy artificiales y cuando no valen para nada, los tiras a reciclar y los cambias por uno más eficiente.

—¿En qué se parecen los hombres a los políticos?

—En que una vez están arriba, poco es lo que verdaderamente hacen.

—¿En qué se parecen los hombres a los pedos?

—En que te los tiras cuando quieres.

—¿En qué se parecen los hombres a los mocos?

—Te molestan y te los quitas de encima, pero siguen apareciendo más.

—¿En qué se parecen los hombres a los enterradores?
—En que tan solo están interesados en tu cuerpo.

—¿En qué se parecen los hombres a los cepillos de dientes?
—En que sin el mango no valen para nada.

—¿En qué se parece un hombre a un rumor?
—En que los dos se corren enseguida.

—¿En qué se parece un chicle a un hombre?
—Que mientras más los pisas, más se te pegan.

Los hombres son como el Cola-Cao, mucha propaganda y poco «resultao».

—¿En qué se parece el acostarse con un hombre a una telenovela?
—En que justo cuando las cosas empiezan a ponerse interesantes, el episodio se acaba.

—Los hombres son como las olas.
—Vienen, rompen y se van.

—¿En qué se parecen los hombres a las cerillas?
—En que les calientas un poco y pierden la cabeza.

—¿En qué se parece un hombre a un microondas?
—En que al principio te piensas que sirve para todo, pero al final nada más sirve para calentar.

—¿En qué se parecen los hombres a una computadora?
—En que cuando más los necesitas, se les cae el sistema.

—¿Qué es un marido?
—Una persona que jode mucho y folla poco.

—¿En qué se parecen los hombres que toman Viagra a los pingünos?
—En que los dos andan tiesos.

—¿Por qué los hombres son como los chicles?
—Porque cuanto más los pisas más se pegan.

—¿En qué se parecen los hombres a una orquesta?
—En que vienen tocan y se van.

—¿En qué se parece un boxeador a un astrónomo.
—En que los dos se pasan el día viendo las estrellas

—¿En qué se parecen los hombres a la cera?
—En que los dos se corren muy rápido.

—¿Cuál es la diferencia entre un hombre soltero y uno casado?
—En que el soltero es un animal incompleto y uno casado es un completo animal.

—¿En qué se parecen un hombre y una nevera?
—En que los dos guardan huevos.

—¿En qué se parece un hombre a un bacalao?

—En que si le cortas la colita le quitas lo más «salao».

—¿En qué se parecen los hombres a los furgones comerciales?
—Que de entrada parecen atractivos, pero resultan monótonos y aburridos.

—¿En qué se parece un hombre a un teléfono público?
—En que sin monedas no funcionan.

—¿En qué se parece un hombre a un cepillo de dientes?
—En que sin la pasta no valen para nada.

Los hombres son como los melones, unos cabrones y otros maricones.

—¿En qué se parecen un WC y un hombre?

—En que si no están ocupados están hechos una mierda.

—¿En qué se parece un hombre a una patata?

—En que están mejor bajo tierra.

—¿En qué se parecen las mujeres a una ambulancia?

—En que cuando le meten el muerto salen gritando.

—¿En qué se parecen los hombres a una pelota de frontón?

—En que cuanto más fuerte les pegues, más rápido regresan.

—¿En qué se parecen un hombre inteligente y la desaparición de la Atlántida?

—En que los dos son mitos muy conocidos, pero no comprobados.

—¿En qué se diferencia un hombre a un camión de basura?
—En la matrícula.

—¿En qué se parecen los hombres a los PC?
—En que a los dos se les cae el sistema.

—¿En qué se parecen los hombres a un peluche?
—En que solo sirven para adornar la cama.

—¿En qué se parecen los hombres y los polos de chocolate?
—En que los agarras del palo y se derriten.

—¿En qué se parece un hombre a un florero?
—En que solo sirve cuando está «tieso».

—¿En qué se parece un hombre a una gallina?
—En que pasa todo el día acomodándose los huevos.

—¿En qué se parece un hombre un café capuchino?
—En que se calientan en 15 segundos.

—¿En qué se parece un hombre a un chicle?
—En que te lo metes a la boca, lo masticas, le sacas el jugo, se le va el sabor, los tiras y cuando te das cuenta lo tienes pegado en el zapato.

Los hombres son como los trapos de cocina, los tiendes en la ventana y te los quita la vecina.

—¿En qué se parecen los hombres a los zapatos?
—En que aflojan con el tiempo o con alcohol.

—¿En qué se parecen los hombres a los pedos?
—En lo descansada que te quedas cuando te los tiras.

—¿En que se parecen los perros y los hombres?
—En que cuando están contentos levantan el rabo.

—¿En qué se parecen los hombres y los ordenadores?
—En que a los dos les cuesta arrancar.

—¿En qué se parece un hombre al vino de Jerez?
—En que sólo sirven para un aperitivo.

—¿En qué se parecen los hombres a los músicos?
—En que entran, tocan y se van.

—¿En qué se parecen los hombres a los *walquitalkies*?
—Corto y cambio.

—¿En qué se parecen los hombres a los perros?
—En que los dos se van de tras de cualquier perra.

—¿En qué se parece un extraterrestre y un hombre inteligente?
—En que todo es mundo ha oído hablar de ellos, pero nadie a visto ninguno.

—¿En qué se parecen los hombres a la dentadura?

—En que si tienen mucha pasta y nos los cepillamos a menudo, nos duran toda a vida.

—¿En qué se parecen los hombres a las moscas?

—En que los dos pasan cinco minutos de la mañana frotándose los ojos y el resto del día lo pasan molestando.

—¿En qué se parecen los hombres a los dientes?

—En que a ambos te los cepillas cuando quieres.

—¿En qué se parece un hombre a un teléfono móvil?

—En que los dos le dan cobertura a un capullo.

—¿En qué se parece un hombre a un ordenador?
—En que si no los programas no sirven de nada.

—¿En qué se parecen los hombres a los aspiradores?
—En que solo van a por el polvo.

—¿En qué se parecen los calzoncillos a una sartén?
—En que los dos calientan huevos.

—¿En qué se parece el hombre al ratón del ordenador?
—En que sólo sirve cuando lo presionas y lo arrastras.

—¿En qué se parecen los hombres a los cajeros automáticos?
—En que si te dan dinero sirven, si no, no.

—¿En qué se parecen los hombres a los robots?
—En que no tienen cerebro, no saben hacer nada sin las instrucciones oportunas, son muy artificiales y cuando no valen para nada los tiras a reciclar y los cambias por otros más eficientes.

—¿En qué se parece un alfiler a un hombre?
—Que tienen mucha cabeza y no la utilizan para nada.

—¿En qué se parecen los hombres a los ordenadores?
—Que tienen memoria, pero no tienen cerebro.

—¿En qué se parecen los hombres a los mosquitos?
—En que están ahí, te molestan, te los quitas, y se te vuelven a pegar.

—¿En qué se parece un hombre a un teléfono público?
—En que de 1.000, sólo sirve uno, y siempre está ocupado.

—¿En qué se parece un hombre a un cerdo?
—En que el cerdo come basura.

—¿En qué se parece el hombre a los caballitos de mar?
—En que se creen potros y son unos pescados.

Solo un hombre puede comprarse un coche de 400 euros y ponerle un equipo de música de 4.000.

—¿En qué se parecen los hombres guapos, inteligentes, fieles, trabajadores, amables, honestos, generosos, a los extraterrestres?
—En que ninguno de los dos existe.

—¿En qué se parecen las mujeres a las matemáticas?
—En que no cualquier idiota las entiende.

—¿En qué se parece un hombre a un aguacate?
—En que algunos tardan en madurar y otros vienen podridos.

—¿En qué se parecen los hombres a los columpios?
—En que al principio son divertidos, pero después marean.

—¿En qué se parecen los hombres a las alfombras?
—En que los tenemos a nuestros pies.

—¿En qué se parece un hombre a la comida china?
—En que empiezas con un «rollito primavera» y terminas con un «cerdo agridulce».

—¿En qué se parecen una mujer con bata y un hombre con bata?
—En que la mujer es doctora y el hombre carnicero.

—¿En qué se parece los hombres al desodorante?
—En que los dos irritan.

—¿En qué se parecen un elfo a un hombre inteligente?
—En que ambos son leyendas.

—¿En qué se parece un hombre a un elefante?
—En que parecen muy fuertes y machos, pero a la hora de la verdad algo pequeño los asusta.

—¿En qué se parecen lo hombres al clima?
—En que hagas lo que hagas nunca los puedes cambiar.

—¿En qué se parece un hombre al dinero?
—En que se gasta rápido.
—¿En qué se parece un hombre a un anillo?
—En que sólo sirven para decorar.

—¿En qué se parecen los hombres a un espantapájaros?
—En que sólo sirven para asustar.

—¿En qué se parece un hombre a un elefante?
—Cuerpo grande, cerebro chico.

—¿Qué diferencia hay entre un abogado y un cuervo?
—Que uno es un animal de rapiña, vive de la carroña, de la basura y de lo ajeno. Acecha a sus víctimas y cuando se descuidan, ataca. Primero le come los ojos y después termina de destrozarla...
—Y el otro es un inocente pajarito negro.

—¿En qué se parecen los hombres a un espantapájaros?
—En que sólo sirven para asustar.

—¿En qué se parecen los hombres a los plátanos?
—En que tienen la forma que nos gusta, hay variedad de tamaños a elegir según el gusto y todos son torcidos y presentan va-

rias caras al mismo tiempo y solo sirven para desvestirse, comerse, y ¡tirar lo que sobre al basurero!

—¿En qué se parecen los hombres a los espaguettis?
—En que tienes que calentarlos antes de comértelos para que se pongan tiernos.

—¿En qué se parece un hombre a una fotocopiadora?
—En que solo sirven para reproducir.

Los hombres son como los autos, si no los conduces bien no llegan a ninguna parte.

Todo hombre es tonto...

...por lo menos 5 minutos al día

—¿Qué hace un hombre en la cama después de hacer el amor?
—Estorbar.

—¿Qué pierde un hombre cuando se divorcia?
—Pues el 99% de su inteligencia.

—¿Por qué Dios hizo primero al hombre y después a la mujer?
—Porque como los grandes artistas primero hacen el borrador.

—La esposa le dice al esposo:
—¿Por qué no arreglas la luz del pasillo?
—El esposo contesta:
—¡Pero si yo no soy electricista!
—¿Por qué no arreglas ese mueble de la cocina?
—¡Pero si yo no soy carpintero!
—Un día llega el esposo y ve que la luz y el mueble están arreglados y el esposo le pregunta:
—¿Cómo lo has arreglado todo?
—Vino el vecino nuevo y lo arregló todo —le contestó la esposa.
—¿Y te cobró algo?
—Bueno, me dio a elegir entre hacerle una tarta o acostarme con él.
—¿Y de que le hiciste la tarta?
—¡Pero, tengo yo la cara de pastelera!

**Cada hombre es un mundo diferente,
así es mejor que las mujeres
nos dediquemos a hacer turismo.**

—En un ascensor están: Supermán, un bebé, un hombre inteligente y una mujer..

—De pronto se apaga la luz.

—¿Quién la apagó?

—La mujer, porque Supermán no existe, el bebé no alcanza el interruptor y los hombres inteligentes tampoco existen.

—¿Por qué son mejores las pilas que los hombres?

—Porque al menos las pilas tienen un lado positivo.

—¿Cuál es el hombre más mezquino del mundo?

—El que no le confesó a su mujer que era estéril hasta que ella le dijo que estaba embarazada.

—¿Qué te dice un hombre cuando le dices: —¡Estás gordo!—?

—¡No te preocupes es el jersey.

—¿Cómo se escoge el hombre más bruto del mundo?
—Al azar.

—¿Por qué los hombres se ponen tan contentos cuando terminan un puzzle en dos meses?
—Porque en la caja ponía de tres a cinco años.

—¿Qué hace una neurona en el cerebro de un hombre?
—Aburrirse.

—¿Qué hay detrás de un hombre inteligente?
—Una hábil ventrílocua.

—¿Cómo se les llama a los hombres que se hicieron la vasectomía?

—Sacarinos, porque endulzan, pero no engordan.

—¿En qué se parece un hombre a una gasolinera?

—De cuello para arriba: diesel.

—De cuello hasta la cintura: súper.

—De cintura para abajo: sin plomo.

—¿Por qué no se puede hacer la operación de cambio de sexo de mujer a hombre?

—Porque no se puede ampliar el cerebro.

—Dios creó el mundo en seis días y luego descansó.

—Después creó a la mujer y no hubo dios que descansara.

—¿Qué le cuelga al hombre después de casarse?
—La corbata.

—¿Por qué hay más chistes machistas que feministas?
—Porque es en lo único que se preocupan, en nosotras.

—Se abre el telón y aparece un hombre con tres trozos de un folio intentando juntarlos.
—¿Cómo se llama la película?
—*Misión imposible*.

—Se enrollan un hombre y una mujer y le dice la mujer al hombre:
—Oye, tu eres médico ¿verdad?
—Y él le contesta:
—Pues sí, ¿cómo lo has sabido?
—Y ella le responde:
—Por tu forma de tocar.

—Cuando terminan de acostarse ella le dice:
—Oye, y tu especialidad es la anestesia ¿verdad?
—A lo que él le responde:
—Sí, ¿cómo lo sabes?
—Porque no me he enterado de nada.

—¿Qué hace un hombre con una hoja blanca partida por la mitad?
—Un puzzle.

—¿En qué piensan los hombres cuando ven una romántica cena en casa con velas encendidas?
—En que hubo un problema con la corriente eléctrica.

—¿Cómo evitar que tu marido lea tus e-mails?
—Renombra tu bandeja de entrada como: «Manual de Instrucciones».

—¿Sabes cómo se llama la piel que le sobra al pene?
—Hombre.

—¿Quién es más fuerte, el hombre o la mujer?
—La mujer, porque los hombres tienen dos testículos, y la mujer dos o varios.

—¿Qué es una esposa?
—Una mujer que ha pasado muchas navidades, pero pocas noches buenas.

—¿Cuál es la diferencia principal entre la necesidad de hombres y mujeres?
—La mujer sólo necesita a un hombre para satisfacer todas sus variadas necesidades.
—Un hombre necesita a todas las mujeres para suplir su única necesidad.

—¿Qué es un grano en la polla de un hombre?
—Un tumor cerebral.

—¿Qué es para un hombre encontrarse frenta a dos puertas abiertas?
—Un laberinto.

—¿Qué es lo más complicado en una operación de cambio de sexo de mujer a hombre?
—La reducción del cerebro.

—Los hombres son como el carbón: si no la queman a una, la ensucian.

Los hombres son como las fotografías: «se revelan en la oscuridad».

—¿Qué es duro y largo para un hombre?
—El tercer curso de primaria.

—¿Por qué no puede ser un hombre guapo e inteligente a la vez?
—Porque sería una mujer.

—¿Por qué hacen falta millones de espermatozoides para fertilizar un solo óvulo?
—Porque los espermatozoides son masculinos y se niegan a preguntar cuál es el camino.

—¿Qué es lo más inteligente que puede decir un hombre?
—«Mi mujer dice...»

—¿Por qué además de niños nacen también niñas?
—Porque a algunos niños les cortan el pito para que les salga cerebro.

—¿Por qué les sale barriga a los hombres a los 30 años?
—Para que no se vean cómo se les queda flácida la picha.

—¿Cuánto tiempo tarda una bala en matar a un hombre?
—Depende del tiempo que tarde en encontrar el cerebro.

—¿Cuántas veces se ríe un hombre con un chiste?
—Tres. Una cuando se lo cuentan. Otra cuando se lo explican. Y la última cuando lo entiende.

—¿Cuándo un hombre ha estado usando un fax?
—Pues cuando le ha puesto sellos.

—Va un hombre por la playa con su mujer, y ella le pide que le compre un bikini, a lo que él le dice:
—Con ese cuerpo de lavadora ni lo pienses.
—Sigue caminando y le insiste la mujer.
—Bueno, cómprame ese vestido, —repite el esposo.
—Con ese cuerpo de lavadora ni lo pienses.
—Pasa el día y por la noche ya en la cama el marido le dice a la esposa.
—Entonces vieja, ¿echamos a andar la lavadora? y la mujer le dice: —para ese pinche trapito mejor lávalo a mano.

—¿Cómo se deja callado a un hombre?
—Preguntándole qué está pensando.

Mientras más entiendo a los hombres, más quiero a mi perro.

—¿Cuál es la única virtud de un hombre?
—Que lo parió una mujer.

—¿Sabes porqué los hombres prefieren a las mujeres vírgenes?
—¡Porque no aceptan las comparaciones!

—¿Qué es un travesti?
—Un hombre queriendo superarse.

—Sale una neurona a pasear por el cerebro de un hombre y se encuentra a otra neurona solitaria. Y le dice, —¿pero qué haces aquí? Vente allá abajo que estamos todas juntas.

—Cuatro hombres encuentran una lámpara mágica, la frotan y aparece un genio que les dice que sólo se pueden pedir cuatro deseos. Después de unos minutos de discusión deciden pedir un deseo cada uno.

—El primero pide ser 25 veces más inteligente.

—El segundo pide ser 50 veces más inteligente.

—El tercero pide ser 75 veces más inteligente.

—Y el cuarto pide ser 100 veces más inteligente.

—¿Qué pasó?

—¡Se volvió mujer!

—¿Qué es un espermatozoide con maletín?

—El representante del cerebro del hombre.

—¿Qué hace una mujer acompañando al hombre a la puerta?

—Tirar la basura.

—¿Por qué el cerebro de un hombre mide un centímetro?

—Porque está inflamado.

—Eran unos médicos que querían ver cómo era un cerebro.
—Decidieron abrir primero el de una mujer y vieron que era muy grande y complejo.
—Luego abrieron el de un hombre y vieron que solamente había un hilo horizontal. Después de muchas discusiones decidieron cortar el hilo para ver qué pasaría. El más atrevido tomó las tijeras y con un certero movimiento cortó el hilo por el centro, viendo con asombro cómo se caían las orejas.

—¿Por qué los hombres tienen un agujero en la polla?
—Porque por algún sitio tenía que respirar el cerebro.

—¿Por qué escogieron a un hombre para el personaje de Tarzán?
—Porque necesitaban un cuerpo musculoso con mente de mono.

—La mujer es el único ser con curvas, y es la única capaz de volver recta la única curva del hombre.

—¿Cuál es la parte más sensible del pene?
—¡El hombre!

—¿Qué hace una mujer tirando hombres de un avión sin paracaídas?
—Contaminando el ambiente.

—Adivina a qué asociación pertenecen todos los hombres.
—A la asociación ADIDAS: Asociación De Idiotas Dispuestos A Superarse.

—¿Por qué los hombres tienen cabeza?
—Para no llevar el serrín en las manos.

—¿Sabes por qué la mujer es la expresión matemática perfecta?

—1. Eleva al miembro a la máxima potencia.

—2. Saca el factor común.

—3. Lo reduce al mínimo.

—¿Cómo elegirías al tío más cabrón del mundo?

—Al azar.

—Los tíos son como las nubes, cuando se van, se queda un día cojonudo.

—Los hombres pueden ver todos nuestros defectos, pero nosotras podemos sentirlos.

—¿Qué es un hombre sin cerebro?

—Un eunuco.

—La mujer no engaña, se venga.

—¿Cuál es el hombre perfecto?

—El que te lleva el desayuno a la cama; en una mano el café, en la otra el zumo y en la otra ocho donuts.

—¿Por qué los hombres se corren tan rápido?

—Para bajar al bar a contárselo a los amigos.

—¡María, María, que tu marido te la pega con la del quinto y la del segundo!

—No, no, por Dios, qué desgracia más grande, qué dirá el vecindario, ¡con lo mal que folla!

—¿Por qué los hombres no comen Lacasitos?
—Porque son muy difíciles de pelar.

—¿Por qué el hombre no cierra la piernas al sentarse?
—Porque se le aplasta el cerebro.

—¿Por qué cuesta tanto encontrar a hombres que sean sensibles, bondadosos y guapos?
—Porque todos ellos ya tienen novio.

—¿Sabéis cuándo maduran los hombres?
—Un mes después de haber muerto.

—¿Qué es un transexual?
—Un hombre en rehabilitación.

—¿Por qué existen los hombres?
—Porque los consoladores no invitan a copas.

—¿Por qué las mujeres tienen que salir con un hombre?
—Porque todavía no se han inventado los vibradores con dinero.

—¿Por qué las mujeres pesamos más después de casadas?
—Las mujeres solteras miran lo que hay en el frigorífico y deciden ir a la cama.
—Las mujeres casadas miran lo que hay en la cama y deciden ir al frigorífico.

—Un niño de tres años observaba sus testículos y su pene mientras su mamá lo bañaba.
—Mami —preguntó— ¿Es éste mi cerebro?
—Todavía no, —contestó la madre.

—¿Qué es un hombre gay?
—Un hombre tratando de llegar a la perfección.

—Cuando una mujer tiene un amante es un ángel.
—Cuando una mujer tiene dos amantes es un monstruo.
—Cuando una mujer tiene tres amantes es mujer.

—Las mujeres son brujas, ¿por qué?
—Porque pueden levantar cosas sin tocarlas.

Las mujeres perdemos la virginidad cuando queremos y ellos, cuando pueden.

—¿Sabes lo que es un marido DVD?

—Es aquél que se Desnuda, se Vuelve y se Duerme.

—¿Y un marido DVD+R ?

—Es aquél que se Desnuda, se Vuelve, se Duerme y Ronca.

—¿Y un marido CD?

—Es aquél que Come y Duerme.

—Moraleja de la historia: NO HAY NADA COMO LOS VIEJOS VHS.

—¡Varias Horas de Sexo!

—¿Por qué hay que hacerle un examen de heces a los hombres?

—Para saber la clase de mierda es.

—¿A dónde va un hombre después del cuarto divorcio?

—Al quinto coño.

—¿Que es un hombre?

—La parte inservible de una polla.

—¿Por qué la mujer se siente feliz y el hombre no?
—Porque el hombre siempre tiene el mismo pene entre las piernas, pero la mujer no.

—¿Por qué los hombres tiene la conciencia limpia?
—Porque nunca la usaron.

—Para hacer feliz a un hombre solamente son necesarias tres cosas:
—Sexo, comida y cerveza.

—¿Cómo se dice hombre en ruso?
—¡Estorrrbas!

—¿Qué tiene un hombre de 80 años entre las piernas?
—Un jubilado y dos excombatientes.

—¿Qué hace un hombre delante de un diccionario?
—Esperar que venga su mujer y se lo lea.

—¿Cuál es la diferencia entre lástima y lastima?
—Pues el tamaño.

—¿Por qué los hombres tienen el cerebro del tamaño de una avellana?
—Porque lo tienen hinchado.

—¿Por qué los hombres no pueden decir «por este oído me entra y por el otro me sale»?
—Porque en el vacío no hay corriente.
—El marido: —¿Para qué usas sujetador?... si no tienes con que llenarlo.
—La esposa: —Y tú ¿usas calzoncillos... o no?

—¿Quién es mejor repostero, el hombre o la mujer?
—El hombre, porque sólo con tres gotas de leche hace un postre bárbaro.

—¿Por qué las mujeres conducen tan mal?
—Porque los instructores son hombres.

—¿Sabes cuál es la bebida más afrodisíaca?
—El agua caliente, porque pone los huevos duros y abre las almejas.

—¿Por qué sólo el 10% de los hombres llegan al cielo?
—Porque si todos fueran, sería el infierno.
—¿Por qué a los hombres les gustan tanto los autos y las motos?
—Porque son lo único que pueden manejar.

—Un hombre se acerca a la bibliotecaria y le pregunta:
—Señorita, ¿Dónde está el libro *Hombre, un ser perfecto*?
—Y ella le contesta:
—Allá al fondo, en la categoría de ciencia ficción.Y

—¿Por qué los caníbales sólo se comen a las mujeres?
—Porque comen carne, no basura.

—¿Por qué cuando las mujeres besan cierran los ojos?
—Porque no quieren ver la cara de idiota que ponen los hombres.

Los hombres son como los taxis, nunca viene el que quieres.

—¿Qué hacen 1.000 hombres ahogándose en medio del mar?
—Un bien para la humanidad.

—¿Por qué los hombres se enojan cuando cuentas un chiste feminista?
—¡Porque la verdad duele!

—Dos mujeres charlando:
—Mi marido es un ángel.
—¡Qué suerte! El mío todavía vive.

—¿Qué es lo que hace que todos los hombres sean hermosos?
—La oscuridad.

—¿Por qué la inteligencia de un hombre no se puede pagar con dinero?
—Porque no existe una moneda tan pequeña.

—¿Por qué se casan las mujeres?

—Por falta de experiencia.

—¿Por qué se divorcian?

—Por falta de paciencia.

—¿Por qué se vuelven a casar?

—Por falta de memoria.

—¿Cuáles son los únicos defectos de la vida de un hombre?

—Nacer, crecer y reproducirse.

—Un niño le dice a su padre: —Papá, cómprame un enciclopedia para ir al colegio.

—No hijo, no —responde el padre— tú vas al colegio andando, como tu hermano.

—¿Por qué los hombres tienen la mente limpia?

—Porque no tienen nada en ella.

—¿Qué hace una mujer en la cabeza de un hombre?
—Se aburre, porque no hay nada.

—¿Qué es un hombre y su hijo?
—Un kit de trabajo.
—Y, ¿qué es un hombre, su hijo y una mujer?
—Un kit de trabajo con sus instrucciones.

—¿Cómo se ven mejor los hombres?
—Callados.

—¿Por qué las mujeres preferimos ir al circo en vez que al bar?
—Porque en el circo los payasos no hablan.

—¿Qué le dice un hombre a otro hombre?
—Nada porque las bestias no hablan.

—¿Qué hace una mujer leyendo una hoja en blanco?
—Lee sus defectos.

—¿Qué hay que hacer para que un hombre haga abdominales?
—Colocar el mando de la televisión entre los dedos del pie.

—Había una vez un hombre perfecto que se encontró con una mujer perfecta, se hicieron novios y tuvieron una relación perfecta. Formaron un matrimonio perfecto y su relación siguió siendo perfecta. Un día de Navidad, la pareja perfecta iba en su automóvil perfecto por una calle no tan perfecta, y se encontraron a Santa Claus sentado en la nieve porque su trineo se había dañado. La pareja perfecta subió a Santa con todos sus juguetes al coche perfecto y empezaron a repartir juguetes casa por casa, pero el tiempo empeoró y tuvieron un accidente, ¿quién de los tres sobrevivió?

—La mujer perfecta, porque todos sabemos que no existe ese tal Santa Claus y tampoco existe ningún hombre perfecto.

—¿En qué se diferencia una feminista de *Terminator II*?

—Terminator al final de la película casi llora.

—¿Qué entiende un hombre por ayudar en la limpieza de la casa?

—Levantar los pies cuando su mujer pasa el aspirador.

—Un niño pregunta a su padre: ¿Papá, papá, sabes dónde están las pirámides?

—Pregúntale a tu madre, que es ella la que lo guarda todo.

—¿En qué se parece un hombre al «Windows»?

—En que cada vez que sale parece que lo incluye todo, pero al final siempre aparece una versión que lo reemplaza.

—¿Cuántos hombres hacen falta para pintar una pared de rojo?

—Depende de la fuerza con que los tires.

—Los hombres son como las cebollas, por cada una buena, hay 100 gilipollas.

—¿Sabéis que tiene un torero entre las piernas?

—Las pilas para el traje de luces.

—¿En que se parecen los ex novios a las resacas?

—Son un mal necesario para pasarlo bien.

—¿Cuál es el hombre que tiene el pensamiento más profundo?
—El minero.

—¿Cómo se sabe si un banco ha sido atracado por un hombre o por una mujer?
—Muy sencillo, el hombre ha hecho un boquete en la pared para poder entrar y otro para poder salir.

—¿Por qué casi todos los taxistas son hombres y no mujeres?
—Porque la bestialidad es un requisito indispensable.

—Esta es una pareja que cuando se pelean se escriben notas en un papel.
—El esposo le escribe a su esposa: «dame la cena» y ella le escribe: «ya está».
—Cuando se acuestan él le escribe: «despiérteme a las 7:00» y ella le escribe: «está bien».

—Pasa la noche y él se despierta y cuando ve que son las 11:00 encuentra en la cama un papel que dice: «son las 7:00, ¡despiértate!».

—Dos amigas que no se veían hace muchos años, se encuentran y después de saludos efusivos una le pregunta a la otra por su matrimonio.
—Bueno, yo me case con un viejo millonario de 80 años.
—Me alegro —le responde—, pero a los 80... y ¿cómo lo hacen con el sexo?
—¡Ah!, estamos en tratamiento.
—¿En tratamiento?
—Sí, ¡él trata y yo miento!

—Una señora entra en una armería.
—Buenos días. Quería una escopeta para mi marido.
—¿Le ha dicho de qué calibre?
—¿Qué dice? Si ni siquiera sabe que le voy a disparar.

—¿Por qué los hombres tienen más estómago que cabeza?
—Porque es más fácil alimentarlos que educarlos.

—Los hombres son como la publicidad.
—No se les puede creer ni el 50% de lo que dicen.

—¿En qué se parecen los hombres a los alfileres?
—En que los dos tienen cabeza, pero ninguno piensa.

—Una mujer y un hombre se vieron envueltos en un aparatoso accidente de tráfico.
—Los coches quedaron totalmente destrozados, pero, sorprendentemente, ninguno de ellos resultó herido. Después de que salieran arrastrándose de sus respectivos vehículos, la mujer, que estaba de muy buen ver, dijo:

—¡Eh!, pero si eres un hombre, que interesante... ¡Yo soy una mujer...!

—¡Mira nuestros coches...! No queda nada, pero afortunadamente ninguno de nosotros esta herido. Esto debe ser una señal divina de que debíamos encontrarnos..., ser amigos...

—Él, que como todos los hombres, piensa sólo con lo que tiene entre las piernas, contestó:

—Coincido contigo totalmente. Esto debe ser una señal divina.

—La mujer continuó diciendo:

—Y mira esto..., hay otro milagro..., mi coche está completamente destrozado, pero esta botella de vino no se ha roto, ¡está intacta! Seguramente Dios quiere que bebamos este vino y celebremos nuestra buena suerte.

—Entonces ella le tendió la botellal. Éste asintió con la cabeza, en señal de aprobación, la abrió rápidamente y de un trago se bebió la mitad de la botella.

—Entonces se la tendió de vuelta a la mujer. Ella cogió la botella e, inmediatamente, le puso otra vez el tapón y se la devolvió al hombre.

—Sorprendido, él le preguntó:

—¿No vas a beber para sellar el pacto?

—No, esperaré tranquilamente a que venga la policía— respondió ella.

—Era un hombre tan tonto, tonto, tonto...

—Que lo enviaron a Colombia a por coca y se trajo Pepsi.

—¿Qué le preguntas a un hombre cuando quieres mantenerlo callado?

—¿En qué estás pensando?

—Se encuentran dos amigos en la calle y uno le dice al otro: —¡¡Eh!! ¿qué te ha pasado en la oreja?

—Y el amigo contesta: —Es que llamaron al teléfono y en vez de pillar el teléfono ¡pillé la plancha!

—¿Y en la otra?

—¡Que el muy hijo puta volvió a llamar!

—Un matrimonio va por la calle y se encuentran con un amigo:

—¡Hola Pepe! ¿qué tal? —dice el amigo.

—Mal chico, tengo un sida terrible, me quedan tres meses de vida.

—El amigo se lamenta y se marcha. Entonces la mujer le dice a su marido:

—Pepe, por qué dices a la gente que tienes sida si tú lo que tienes es cáncer de pulmón.

—Yo me voy a morir, pero a ti no te va querer follar nadie.

—Dice el marido a su mujer.

—Cariño a partir de ahora te voy a llamar Eva.

—¿Por qué? —pregunta ella.

—Porque eres mi primera mujer.

—Pues yo te voy a llamar Peugeot.

—¿Por qué? —pregunta él.

—Por que eres el 407.

—Un hombre dice en una reunión: —En mi casa yo llevo los pantalones.
—Y la mujer responde: —Sí mi amor, de la lavadora al tendedero.

—¿Qué mujer es la que siempre sabe dónde está su marido?
—La viuda.

—Cuatro realdades útiles que debemos recordar:

1.- Un hombre borracho es un polvo fácil.
2.- Un amigo hombre es un polvo gratis.
3.- Un hombre de novio es un polvo seguro.
4.- Y un hombre como marido es un polvo aburrido.

El 99% de los hombres dan mala reputación al resto.

—Querido —dice la esposa— he leído tu horóscopo y dice:

—Salud: los astros te sonríen.

—Dinero: los astros te sonríen.

—Sexo: ¡los astros se desconjonan!

—¿Cuál es la Barbie que viene con todos los accesorios del Ken?

—La Barbie divorciada.

—¿En qué se parecen una mujer embarazada, una tarta quemada y una cerveza congelada?

—Que no hubiese ocurrido ninguna de las tres situaciones si la hubieran sacado antes.

—Iba una mujer casada caminando por una playa desierta pensando en la monotonía de su vida matrimonial, cuando de repente se encuentra con una lámpara mágica de las que tienen un genio dentro. La mujer la frota a conciencia y sorprendida ve cómo del extremo de la lámpara surge una nube de humo que se materializa en el proverbial genio.

—Hola guapa, soy el genio del amor, como sabrás, por haberme liberado tienes derecho a pedir tres deseos, con la particularidad de que como soy el genio del amor, cada uno de los deseos que pidas repercutirán también en tu marido multiplicado diez veces, es decir, el mismo deseo que verás cumplido en ti, pero a la décima potencia.

—La mujer, maravillada por su suerte e intentando controlar el regocijo, piensa y pide:

—Quisiera tener una fortuna de 50.000.000 de euros.

—Deseo concedido, tu fortuna ha aumentado en esa cifra, al igual que la de tu marido pero a la décima potencia . Siguiente deseo.

—Me gustaría tener el aspecto físico que siempre soñé y ser de las más bellas y atractivas.

—Concedido tanto para ti como para tu marido. ¿Y el último deseo?

—La mujer piensa un momento... y, tras decidir, pide:

—¿No podría tener un pequeño amago de infarto?

—Él le dijo a ella: —¿Ensayamos una posición diferente esta noche?

—Perfecto —contestó— ¡tú te pones a plancha y yo me siento en el sofá a ver televisión!

—¿Por qué los hombres se quedan dormidos después de hacer el amor?

—¡Para olvidar cuanto antes el papelón que acaban de pasar!

—Él dijo: —¿Por qué ustedes, las mujeres, siempre tratan de impresionarnos con la apariencia y no con la inteligencia?

—Ella le contestó mirándolo de costado: —¡Porque hay muchas más probabilidades que un hombre sea estúpido a que un hombre sea ciego!

—Él dijo: —Salgamos a divertirnos esta noche.
—Ella le contestó: —Buena idea: ¡el que llegue primero que deje la luz de la entrada encendida!

—Dos amigas charlaban cuando una le dice a la otra:
—Ay, después de seis años de relaciones, mi novio recién me habla de matrimonio.
—Y la otra le pregunta.
—¿Y qué te dijo?
—Que tiene esposa y dos hijos.

—¿Por qué las mujeres casadas nunca se emborrachan?
—Porque no soportan ver a su marido dos veces en el mismo día.

—Oye Marta ¿tú le hablas a tu novio cuando haces el amor?
—Si hay un teléfono cerca sí.

Curso de formación para hombres. Objetivo pedagógico

Permitir a los hombres desarrollar esa parte del cerebro cuya existencia ignoran.

PROGRAMA: cuatro módulos, de los cuales uno es obligatorio.

Módulo 1 (curso obligatorio)
—Aprender a vivir sin su madre (200 horas).
—Mi mujer NO es mi madre (35 horas).
—Entender que el fútbol no es otra cosa que un deporte, que quedar fuera del Mundial no es la muerte (500 horas).

Módulo 2: «Vida en pareja»
—Tener niños sin volverse celoso (50 horas).
—Superar el síndrome de pertenencia sobre el mando a distancia (55 horas).
—No mear fuera del inodoro (100 horas): Ejercicios prácticos en vídeo.
—Entender que los zapatos no van solos hasta el armario (80 horas).

—Cómo llegar hasta la cesta de la ropa sucia sin perderse (50 horas).

—Cómo sobrevivir a un resfriado sin agonizar (50 horas).

Módulo 3: «Tiempo libre»

—Planchar en dos etapas una camisa en menos de dos horas (ejercicios prácticos).

—Digerir cerveza sin eructar mientras se pone la mesa (ejercicios prácticos).

Módulo 4: «Curso de cocina»

—Nivel 1 (principiantes): «Los electrodomésticos» ON= encendido. OFF= apagado.

—Nivel 2 (avanzado): «Mi primera sopa instantánea sin quemar la cacerola».

Ejercicios prácticos: «Hervir el agua antes de añadir la pasta».

CURSO INTENSIVO:

Por razones de dificultad y entendimiento de los temas, los cursos tendrán un máximo de 8 alumnos.

TEMA 1: «La ropa»: Desde la lavadora hasta el armario, ese misterioso proceso.

TEMA 2: «Los riesgos de llenar la cubitera del hielo y su transporte hasta el refrigerador». Demostración con soporte de diapositivas.

TEMA 3: «Demostración científica: cocinar y tirar la basura NO provocan impotencia ni tetraplejia». Prácticas en laboratorio.

TEMA 4: «El rollo de papel higiénico». El papel higiénico, ¿nace al lado del inodoro? (exposiciones sobre el tema de «La generación espontánea»).

TEMA 5: «Por qué no es necesario agitar las sábanas después de haber emitido gases intestinales». Ejercicios de reflexión en pareja.

TEMA 6: «Los hombre que conducen, si se pierden, ¿pueden pedir información sin correr el riesgo de parecer impotentes?». Testimonios.

TEMA 7: «Diferencias fundamentales entre la cesta de la ropa sucia y el suelo».

TEMA 8: «El hombre en el asiento del pasajero». ¿Es generalmente posible no hablar o agitarse convulsivamente mientras ella conduce y/o aparezca?

TEMA 9: «La taza del desayuno: ¿se levanta sola hasta el fregadero?» Ejercicios dirigidos por David Copperfield.

Conversación entre marido y mujer

Ella: ¿Qué harías si me muriese?
Él: Te guardaría luto.
Ella: ¿Durante mucho tiempo?
Él: ¡Muchísimo tiempo!
Ella: ¿Por qué?
Él: (serio) Porque te quiero y tu pérdida sería dolorosa para mí.
Ella: (con una sonrisa). ¡Qué bonito! ¿Volverías a casarte?
Él: No.
Ella: (con expresión dolida) ¿Por qué no? ¿No te gusta estar casado?
Él: Sí que me gusta.
Ella: ¿Entonces sí que te volverías a casar?
Él: (carraspea) Creo que después de haberte guardado luto durante el tiempo suficiente y mi vida volviese a tener sentido, sí.

Ella: ¿También dormirías con ella en nuestra cama?
Él: Es de suponer, ¿no?
Ella: ¿Reemplazarías mi foto por la de ella en la mesita de noche?
Él: Pondría las dos fotos.
Ella: ¿También tendrías sexo con ella? ¿En nuestra cama?
Él: (bebiendo un sorbo de café) Seguramente llegaríamos a eso. Sí.
Ella: ¿Jugarías también al golf con ella?
Él: Sí, lo haría.
Ella: ¿Le darías mis palos?
Él: No, es zurda.
Ella: ¿¿¿Qué acabas de decir?!?!?
Él: ¡¡¡Mierda...!!!

Antes de que el dinero fuera inventado...
¿Qué les veían las mujeres a los hombres?

Ríete con... los mejores chistes machistas

He aquí una afilada selección de chistes machistas, muy machistas... En este libro encontrará mucho veneno y mucha mala leche por parte de unos hombres que hablan de la relación de la mujer y la cocina, su vinculación con el deporte, el uso que algunas féminas hacen de la tecnología y cómo no, del sexo.

Ríete con... los mejores chistes breves

Bienvenidos a la más completa selección de chistes breves. Fáciles de memorizar, divertidísimos y variados, le servirán para animar la próxima reunión de amigos. En este libro encontrará apuntes de la vida cotidiana, respuestas ingeniosas a preguntas absurdas, parecidos razonables, diferencias y otras historias que nos harán reír y pasar un buen rato.

Ríete con... los mejores chistes crueles

Ante usted la más completa selección de chistes crueles. En este libro encontrará crueldades médicas, póstumas, universitarias, familiares, infantiles... todo un universo que especula entre lo macabro y lo "muy bestia". Estas páginas encierran lo mejor—o lo peor— del lado oscuro que todos llevamos dentro.